Michael Felske

Schmuckstücke

Das Schicksal einer Pianistin im KZ Ravensbrück

Bibliografische Information der Deutschen Nationalbibliothek:
Die Deutsche Nationalbibliothek verzeichnet diese Publikation in der Deutschen Nationalbibliografie; detaillierte bibliografische Daten sind im Internet über http://dnb.dnb.de abrufbar.

Titelgrafik: **Michael Felske**

Herstellung und Verlag: BoD – Books on Demand, Norderstedt

ISBN: 978-3- 746035345

Inhaltsverzeichnis

Vorwort

Wer Eltern hat, die das Dritte Reich erlebt haben, hat vielleicht einmal die Frage gestellt, ob Mama und Papa eventuell etwas von dem ganzen Leid in den Konzentrationslagern mitbekommen haben. Meist, und so war es auch bei mir, wird die Antwort „Nein, davon haben wir nichts gewusst" sein. Mich trieb diese Antwort später als Student der Publizistik in das Zeitungsarchiv der FU-Berlin. Dort las ich wie gebannt die Berliner Tageszeitungen von 1939 bis 1945. Mitgenommen habe ich bei dieser Lektüre, dass meine Mutter richtig lag: Den Tageszeitungen konnte ich entnehmen, dass deren Leser sehr viel über die damaligen Nazi-Machenschaften erfahren konnten. Im kleinen nordhessischen Dorf meiner Mutter gab es keine so große Zeitung. Meine Zeitungslektüre ist vierzig Jahre her. Sie trieb mich zu Recherchen zum Thema KZ. Ich wollte wissen, warum Menschen sich dort beworben haben, wie die Mitarbeiter mit den Häftlingen umgegangen sind und natürlich, was die Menschen dort erleiden mussten. Furchtbare Qualen, unsägliches Leid, brutalste Unmenschlichkeit, Mord aus Spaß oder Angst, persönliche Vorteilsnahme der Mitarbeiter und teuflische Ärzte kennzeichneten diese perfekte Tötungsmaschinerie, die präzise ablief wie eine tödliche Stanze. Aus diesen Recherchen ist das vorliegende Hörspielskript „Schmuckstücke" entstanden.

Michael Felske

Schmuckstücke

Das Schicksal einer Pianistin im KZ Ravensbrück

Exposé

Die angehende Pianistin Sarah überlebt den Horror im Konzentrationslager Ravensbrück. Bei der Rückkehr nach Hause stellt sie mit Schrecken fest, dass ihre Eltern den Tod in einem anderen KZ gefunden haben. Sie lebt deshalb erst einmal bei Onkel und Tante und arbeitet in deren Fabrik.

 Mit zwei Jahren Verspätung erhält Tante Johanna per Post Sarahs letzten Brief aus dem KZ an ihre Mutter. Darin schildert die junge Frau die tödliche Hölle des Lageralltags und die abscheuliche Brutalität und Blutrunst der SS-AufseherInnen und Ärzte. Sarah liest Johanna den Brief vor. Am Tag darauf steht Sarah ihrer ehemaligen Aufseherin gegenüber…

Personen

Sarah Messerschmidt	KZ-Häftling, arbeitet in Fabrik
Margitta Richard	bewirbt sich als Aufseherin
Anna Richard	Margittas Mutter
Hermann	Aufseher
Hartwich	Oberaufseherin und Ausbilderin
Johanna Messerschmidt	Sarahs Tante

1. Szene

(HUNDEGEBELL / MENSCHENMENGE / FUSSTRAMPELN)

Hermann: Los schneller! Ihr sollt da rein Ihr Mistviecher! Schneller! Los!

(PEITSCHENSCHLÄGE UND SCHREIE / MENSCHEN RENNEN)

Sarah: (SCHREIBT / LIEST LEISE)

Wir werden totgeschlagen, misshandelt, vergewaltigt, verbrannt, erschossen, aufgeschnitten, vergast und verhungern. Unsere ausgemergelten Leiber stapeln sie nach dem Tod wie Holzscheite zu Türmen. Die Ratten zerfressen Ohren, Lippen und Nasen. Dann werfen sie uns in den Ofen. Wir liegen nachts zu dritt oder zu viert auf Brettern und haben nur eine Decke. Es stinkt nach Kloake, Urin, Eiter und Verwesung. Wimmern, Stöhnen und Schmerzensschreie lassen uns schlecht schlafen. Morgens tragen wir die Toten der Nacht in den Waschraum. Totenstarre Arme und Beine schieben wir zur Seite, wenn wir uns die Zähne putzen.
Liebe Mama, ich lebe noch und erzähle Dir nun, was hier wirklich passiert. Ausziehen, gleich nach der Ankunft mussten wir alle Kleider ablegen. Ich lag dann nackt auf einem Tisch. Dort wurden dann alle meine Körperöffnungen nach Verstecktem durchsucht.

(GERÄUSCH EINER SCHERMASCHINE)

150 Frauen standen nackt vor den Aufsehern. Jemand schnitt uns die Haare ab. Alle, auch die Schamhaare. Du kannst Dir gar nicht vorstellen, Mama, wie furchtbar das war. Ich war hilflos, entehrt und den SS-Leuten völlig ausgeliefert.

Hermann: Los, weiter.

(Tor öffnet sich)

Hier lang. Viel Spaß beim Duschen! (LACHT) Gut seht Ihr aus, überall so glatt. Los, rein da!

(GESCHREI / ZISCHENDER DAMPF / WASSER SPRITZT)

Sarah: Es war heiß und eng. Angst, ich hatte Angst. Wie die anderen Frauen auch. Keine wusste was wirklich passiert.

(WASSER / DUSCHE)

Doch wir wurden wirklich nur geduscht. Das war das übrigens erste und auch letzte Mal. Sie nahmen uns alles, was wir besaßen und schmissen es auf einen Haufen. Statt dessen erhielten wir unsere Lagerbekleidung. Der grobe Stoff kratzt eklig auf der Haut. Schlüpfer gibt es keine. Aber harte Holzschuhe. Dabei war es eiskalt, so etwa 10 Grad unter Null. Trotzdem schickten die uns auf die Straße zwischen den Blöcken zum Appell. Ab jetzt war ich nur noch eine Nummer. Die stand auf meiner Kleidung. Meine Persönlichkeit musste ich bei der Aufnahme abgeben.

(HUNDEGEBELL)

Aufseherinnen mit scharfen Schäferhunden halten uns zusammen. Sie passen auf, dass sich keine von uns bewegt. Wehe wenn das vorkommt. Einfach nur Strammstehen ist furchtbar bei der Kälte. Am Anfang dauerte ein Appell in Hab-Acht-Stellung eine Stunde. Später, wenn ein Mädchen frech geworden war oder jemand fehlte auch mal sechs, sieben oder sogar zehn Stunden. Dabei sind viele Frauen umgekippt, manche auch gestorben. Später. Am Anfang waren wir ja noch gesund und hatten genug auf den Rippen. Aber trotzdem: Es war klirrend kalt und es wehte oft ein eisiger Wind.

(WIND / SCHNEETREIBEN)

Mama, heute kann ich Dir die Wahrheit schreiben, denn die normale Post wird vorher von den SS-Leuten gelesen. Aus Paketen wird alles, was aus Papier ist, heraus genommen. Fotos brauchst Du also keine schicken. Manches wird auch aus den Paketen gestohlen. Alles wird durchsucht und zensiert.

Hermann: Lagerordnung: Jeder Häftling darf im Monat 2 Briefe oder 2 Postkarten empfangen und auch absenden. Die Briefzeilen müssen übersichtlich und gut lesbar sein. Postsendungen, die diesen Anforderungen nicht entsprechen, werden nicht zugestellt bzw. befördert. Unübersichtliche und schlecht lesbare Briefe können nicht zensiert werden und werden vernichtet. Die Zusendung von Bildern und Fotos ist verboten.

Sarah: Wir haben aber einen Briefkasten in der Nähe der Fabrik entdeckt, in der wir arbeiten. Er wird normal geleert.

(PAPIERRASCHELN / FALTEN UND UMSCHLAG ANLECKEN)

Deshalb diese Zeilen. Und nicht wie sonst üblich „Wie geht es Dir? Mir geht es gut. Lieben Gruß, Deine Sarah!" Die Aufseherinnen sind hundsgemein und gefährlich wie Schlachter für die Schweine. Irgendwann haben wir uns gemerkt wie lange eine neue Aufseherin braucht um genau so brutal zu werden wie die Erfahrenen. Meistens dauert es zwei bis vier Wochen. Eine, Aufseherin Margitta, hat es aber auch mal in nur vier Tagen geschafft.

2. Szene

(HUNDEGEBELL / ZUHAUSE BEI MARGITTA)

Margitta: (STREICHELT SCHÄFERHUND)
                Roland, mein Lieber, wir werden uns
                lange nicht sehen. Vielleicht bekomme
                ich in Ravensbrück zum Arbeiten auch
                einen Hund. Wäre ja schön. Sei brav
                und bewach´ Papa und Mamas Haus.
                Mach´s gut, Großer.

(HUND SCHLECKT MARGITTAS HAND AB / SCHRITTE)

Anna: Margitta, wie lange dauert die Ausbil-
                dung nochmal?

Margitta: Stell Dir vor Mutter, nur vier Wochen.
                Bald darauf kann ich sogar mehr ver-
                dienen. Wenn ich mich bewähre, ver-
                steht sich.

Anna: Vielleicht hast Du ja recht und es ist
                besser als in der Fabrik.

3. Szene

(HUNDEGEBELL / GESCHREI / STÖHNEN)

Sarah:
Ich bin jetzt seit 14 Monaten hier und lebe noch. Aber wie? Wie Vieh vegetieren wir zusammen auf engstem Raum in einer Baracke. In einem Block, sagen wir hier. Jederzeit können die Aufseherinnen uns zum Abstrafen antreten lassen. Auch nachts bei Regen oder Schnee. Eine Aufseherin hat ihre spitzen Absätze vor Bosheit in die blutenden aufgeplatzten Waden einer jungen Frau gerammt, die auf dem Boden lag. Sie hatte gerade 50 Stockhiebe bekommen und war glaube ich bewusstlos. Dann trampelte sie noch auf den Unterschenkeln herum. Sie ging mit blutverschmierten Schuhen weg. Die junge Frau war tot. Wir alle mussten dabei zuschauen.

Hermann:
Lagerordnung: Wer sich wiederholt von der Arbeit drückt, trotz vorhergehender Verwarnung den Appellen zur Arbeitseinteilung oder den Zählappellen fernbleibt, sich dauernd ohne Grund zu Arzt oder Zahnarzt meldet, körperliche Leiden oder Gebrechen vorschützt, nicht ausrückt, dauernd faul und träge sich benimmt, beanstandet wurde, anstößige Briefe schreibt, Mitgefangene bestiehlt, schlägt, wegen ihrer Gesinnung schikaniert, verspottet oder lächerlich macht, wird wegen Unverbes-

serlichkeit mit dauernder Strafarbeit, mit Arrest, mit Strafexerzieren oder mit Prügel bestraft. §16: Wer nach Eintritt des Zapfenstreichs sich außerhalb seiner Unterkunft bewegt, mit anderen einen Haufen bildet, auf die Aufforderung eines SS-Mannes nicht sofort auseinandergeht, nach Eintritt des Alarms nicht sofort seine Unterkunft aufsucht oder während der Dauer des Alarms die Station verlässt oder die Fenster öffnet, wird vom nächststehenden SS-Mann oder Posten beschossen.

Sarah: Wie Du gerade erfährst, ist es ein

Wunder dass ich noch lebe.

4. Szene

(HUNDEGEBELL / ZUHAUSE BEI MARGITTA)

Margitta: Aufseherin ist viel besser. In die Fabrik will ich nie wieder. Schon gar nicht als Hilfsarbeiterin.

Anna: Und was musst Du in Ravensbrück genau machen?

Margitta: Aber Mutter! Ist doch klar: aufpassen, dass keiner weg läuft.

Hermann: Auf Grund Ihrer Bewerbung um Einstellung als Aufseherin wird Ihnen kurz mitgeteilt, mit welcher Aufgabe Sie hier betraut werden sollen. Im Konzentrationslager Ravensbrück sitzen Frauen ein, die irgendwelche Verstöße gegen die Volksgemeinschaft begangen haben und nun, um weiteren Schaden zu verhindern, isoliert werden müssen. Diese Frauen sind bei ihrem Arbeitseinsatz innerhalb und außerhalb des Lagers zu beaufsichtigen. Sie brauchen für diese Arbeit also keine beruflichen Kenntnisse zu besitzen, da es sich ja lediglich um die Bewachung der Häftlinge handelt.

Anna: Stimmt, gelernt hast Du ja noch nichts.

Margitta: Ja, daheim bleibt mir nur die Fabrik.

Hermann:	Die Aufseherinnen sind Reichsange-stellte und werden nach der Tarifordnung für Angestellte besoldet. Als Eingangsstufe erhalten Sie Gruppe IX und nach einer Probedienstzeit von 3 Monaten Gruppe VIII. Eine ledige Aufseherin im Alter von 25 Jahren erhält z.B. brutto 185,68 RM und nach Abzug der Sozialversicherungsbeiträge, Steuern, sowie sonstiger gesetzlicher Abgaben und Kosten der Verpflegung und Wohnung monatlich 105,10 RM Gehalt.
Margitta:	Für den Anfang ist das doch viel Geld. Und, denk dran Mutter, schon nach drei Monaten gibt es mehr.
Hermann:	Sie erhalten ferner im Lager Gemeinschaftsverpflegung, die mit täglich 1,20 RM berechnet wird.
Margitta:	Kochen will ich sowieso nicht.
Hermann:	Dienstbekleidung, wie Tuch- u. Drillichuniform sowie teilweise Unterwäsche wird Ihnen kostenlos gestellt. Zur Unterbringung stehen hier Häuser mit Dienstwohnungen zur Verfügung, die gut eingerichtet sind. Bei entsprechender Eignung und Tätigkeit besteht die Möglichkeit, als Lagerführerin in einem der Außenlager des KL Ravensbrück eingesetzt zu werden und Aufrückungsmöglichkeit bis Gehaltsgruppe VI.

Margitta:	Da kann ich sogar richtig Karriere machen.
Hermann:	Ihre Tätigkeit wird als Kriegseinsatz anerkannt. Sie gehören auch zum Gefolge der Waffen-SS.
Anna:	Kind, weißt du, worauf Du Dich einlässt?
Margitta:	Bestimmt. Ich will endlich auch mal auf eigenen Füßen stehen. Wenn ich Aufseherin bin, dann habe ich es geschafft.
Hermann:	Voraussetzung für die Einstellung ist daher, dass Sie unbestraft und körperlich gesund sind.
Margitta:	Bin ich.
Hermann:	Sie erfüllen die Einstellungsbedingungen. Ihr Einstellung erfolgt zum 15. November 1943.
Anna:	Kind, pass auf Dich auf!
Margitta:	Auf Wiedersehen Mutter. Ich schreibe Euch bald, wie es mir in Ravensbrück ergeht.

(ZUG PFEIFT / HUND WINSELT / ABFAHRGERÄUSCHE EINES ZUGES)

5. Szene

(HUNDEGEBELL / MENSCHEN RENNEN / PEITSCHENHIEBE)

Sarah: Beim Appell werden oft welche von uns aussortiert. Wir müssen aus dem Block zum Appellplatz rennen. Dabei prügeln uns die Aufseherinnen mit Peitschen und Stöcken. Sie sehen so, wer nicht mehr schnell laufen kann. Meist sind es die Frauen über 50 oder Verletzte und Kranke. Die werden aussortiert und auf einen Lastwagen getrieben. Viele Grauhaarige färben sich deshalb die Haare mit Kohle oder Asche. Sonst sind sie gleich dran, obwohl sie noch flink sind.

(HUNDEGEBELL / LKW-MOTORGERÄUSCH / GESCHREI)

Wer nicht mehr alleine auf die Lade-fläche hoch klettern kann, der wird an Händen und Füßen gepackt und wie Schlachtvieh grob darauf geschmissen.

(LKW-MOTORENDRÖHNEN)

Die Lkws fahren dann um den Block hinter eine Mauer. Was dort passiert, hören wir fast jeden Tag.

(SCHÜSSE)

Die Frauen werden hingerichtet. Ohne Grund.

Hermann:	Es sind noch viel zu wenig. Wir müssen mehr exekutieren. Die Führung verlangt Tausende. Rückwirkend müssen pro Monat 2.000 Häftlinge vernichtet werden.
Sarah:	Wir haben keine Rechte. Vor allem kein Recht auf sachgemäße Behandlung im Krankheitsfall. Übel dran ist, wer schwer oder gar unheilbar krank ist. Der bekommt die Todesspritze. Dazu wird einfach Petroleum verabreicht. Anderen wurde abends ein weißes Pulver zum Einnehmen gegeben. Gesagt wurde, es sei Medizin. Am nächsten Morgen war über die Hälfte tot. Die restlichen Patienten litten noch wochenlang unter Kopfschmerzen, Übelkeit und Erbrechen.

(HUSTEN / SCHWERES ATMEN / STÖHNEN)

Viele von uns liegen mit Tuberkulose und schwerem Durchfall im Krankenrevier. Dort stehen drei Betten übereinander. Oft liegen zwei Frauen auf Strohsäcken in einem Bett. Die Bettschüssel kann keiner nach oben in das oberste Bett reichen. Die Strohsäcke sind voller Blut, verschmiert mit schleimigem Auswurf und flüssigem Kot. Der Gestank ist bestialisch. Morgens werden die Toten der Nacht in den Waschraum nebenan gezerrt. Dort bleiben Sie liegen. Die Ratten zerfressen ihre Gesichter zu Fratzen. Oft kann sie keiner mehr identifizieren.

6. Szene

(SCHULUNGSRAUM NACH DER EINKLEIDUNG DER NEUEN AUFSE-
HERINNEN / LEISES RAUNEN / FRAUENSTIMMEN)

Hartwich: (SCHARFER TON) Ja, Ihr habt richtig
                gehört: Im Falle von Befehlsverweige-
                rung macht Ihr sofort von Euren Waffen
                Gebrauch. Aber nur dann! Am Besten,
                Ihr richtet Euch nach mir. So lernt
                Ihr am Schnellsten. Und denkt an die
                Verordnung des SS-Brigadeführers.

Hermann: Wer sich mit einem Häftling auf per-
                sönliche Beziehungen einlässt, wer mit
                einem Häftling außerdienstlich
                spricht, wer einem Häftling etwas
                schenkt, verkauft oder tauscht, wer
                von einem Häftling etwas nimmt, wer
                für einen Häftling einen Brief oder
                eine Nachricht befördert, ist ein Ver-
                räter an den Grundgesetzen der Schutz-
                staffel. Er wird vor ein Kriegsgericht
                gestellt und mit schweren Zuchthaus-
                strafen oder dem Tod bestraft.

Margitta: Das heißt: Kein Kontakt?

Hartwich: Exakt Margitta. Ihr seid verantwort-
                lich für die Einhaltung unserer Grund-
                gesetze. Jede Einzelne von Euch.

Hermann: Wer von solchen persönlichen Beziehun-
                gen Kenntnis erhält und seinem Diszip-
                linarvorgesetzten nicht sofort Meldung
                macht, wird wegen militärischem Unge-

horsam ebenfalls vor ein Kriegsgericht gestellt.

Hartwich: Auch die haben schwere Strafen zu er-
               warten. Also, wenn Ihr Verstöße be-
               merkt, sofort bei mir Meldung machen.
               Verstanden?

Margitta und
alle anderen: Jawohl Frau Oberaufseherin!

Hartwich: Sehr gut. Jetzt macht Euch an Eure
               Hausaufgaben. Morgen ist die erste
               Prüfung im Weltanschauungsunterricht.
               Ihr wisst ja: Nur die Besten von Euch
               werden schnell Erstaufseherin!

Margitta und
alle anderen: Jawohl Frau Oberaufseherin!

7. Szene

(KRANKENREVIER / GEBURT / WASSER)

Sarah: Hier im Lager werden viele Kinder ge-
                boren. In den vergangenen sieben Mona-
                ten waren es über 500. Die meisten von
                ihnen werden sofort nach der Geburt
                vor den Augen der Mutter von einer -
                Du würdest sie als Krankenschwester
                bezeichnen - in einem Wassereimer er-
                tränkt. Wie eine Katze.

(BABYGESCHREI / WEINEN DER MÜTTER)

Hermann: Heinrich Himmler sagt: "Es trat an uns
                die Frage heran: Wie ist es mit den
                Frauen und Kindern? - Ich habe mich
                entschlossen, auch hier eine klare Lö-
                sung zu finden. Ich hielt mich nämlich
                nicht für berechtigt, die Männer aus-
                zurotten, sprich also umzubringen oder
                umbringen zu lassen - und die Rächer
                in Gestalt der Kinder für unsere Söhne
                und Enkel groß werden zu lassen. Es
                musste der schwere Entschluss gefasst
                werden, dieses Volk von der Erde ver-
                schwinden zu lassen. Für die Organisa-
                tion, die den Auftrag durchführen
                musste, war es der schwerste, den wir
                bisher hatten."

Sarah: Aber auch die Kinder, die nicht sofort
                ermordet wurden, haben keine Chance.
                Die Babys liegen zu sechst oder acht
                auf einer Pritsche. Der Stoff, der die

Windel sein soll, ist durchgeweicht.
Vor Angst bleibt vielen Müttern die
Milch weg. Die meisten Kleinen sterben
nach zwei, drei Monaten an Mangel und
Kälte.

8. Szene

(MARGITTA BEI DEN HAUSAUFGABEN)

Margitta: (LIEST UND LERNT AUSWENDIG) Warum ist
                 das Judentum unser größter Feind? Ant-
                 wort: 1. Weil das Judentum versucht,
                 den kämpferischen Geist, die Wider-
                 standskraft und die (DENKT NACH) Leis-
                 tungsfähigkeit der nordisch bestimmten
                 Völker durch Blutsvermischung zu
                 (DENKT NACH) brechen. 2. Weil das
                 Judentum ein Schmarotzer ist, der
                 (DENKT NACH) von der Arbeit der ande-
                 ren lebt und sie (DENKT NACH) ausplün-
                 dert. 3. Weil die Feinde des deutschen
                 Volkes vom Judentum geführt werden
                 oder seine geistigen Kinder sind: Mar-
                 xismus, Bolschewismus, (DENKT NACH)
                 Freimaurerei, Liberalismus, Pazifis-
                 mus, politische Kirche und Kapitalis-
                 mus.

Hartwich: Na und, bereit für die Prüfung?

Margitta: Jawohl Frau Oberaufseherin!

9. Szene

(SARAH IN DER FABRIK / WERKSTATTGERÄUSCHE)

Sarah: Ich bin ganz gut dran. Die meisten Frauen arbeiten. Ich bin in der Fabrik und wickle Spulen. Das ist leichte Arbeit im Sitzen.

(STRASSENBAU / WALZE ROLLT ÜBER STEINE)

Andere von uns haben es schlechter getroffen. Manche bauen bei Wind und Wetter Straßen und ziehen eine tonnenschwere Walze über das neue Pflaster. Das kostet Kraft, die keine von uns hat. Woher auch? Das Essen kann keiner so nennen. Ein bisschen Brot und schwarzes Wasser im Sommer morgens um halb vier, im Winter um Fünf. Warmes Essen heißt hier dünne Steckrübensuppe. Kaum Inhalt, auch eher heißes Wasser. Das reicht nicht für elf Stunden Arbeit. Wenn das Tagesziel nicht erreicht wird, dann arbeiten wir nochmal fünf Stunden mehr. Das ergibt dann 16 Stunden. Für eine Arbeitsverweigerung werden strenge Strafen angedroht: Bunker, Dunkelarrest mit Brot und Wasser, Schläge und Strafbaracke.

Hermann: (VERANSTALTUNGSGERÄUSCHE / MENSCHEN APPLAUDIEREN)

Heinrich Himmler sagt: „Ein Grundsatz muss für den SS-Mann absolut gelten:

ehrlich, anständig, treu und kamerad-
schaftlich haben wir zu Angehörigen
unseres eigenen Blutes zu sein und
sonst zu niemandem. Wie es den Russen
geht, wie es den Tschechen geht, ist
mir total gleichgültig. Ob die anderen
Völker in Wohlstand leben oder ob sie
verrecken vor Hunger, das interessiert
mich nur soweit, als wir sie als Skla-
ven für unsere Kultur brauchen, anders
interessiert mich das nicht. Ob bei
dem Bau eines Panzergrabens 10.000
russische Weiber an Entkräftung umfal-
len oder nicht, interessiert mich nur
insoweit, als der Panzergraben für
Deutschland fertig wird."

Sarah: Die schlimmste Arbeit macht die
Kloakentruppe.

(SCHÖPFGERÄUSCH / BLUBBERN)

Die schöpfen die Latrinen aus. Fast
alle hier haben Durchfall. Mama, sei
froh, dass ich von Dir die geschickten
Hände habe. In der Fabrik ist es nicht
so schlimm. Na ja, der Aufseher ist
ein Sadistenschwein. Gleich morgens
nach Arbeitsbeginn springt er hoch auf
einen Tisch. Von dort hat er die beste
Übersicht über uns Frauen. Und wir haben riesige Angst: Keine traut sich
auch nur den Kopf zu heben. Alle
schauen nach unten auf ihre Arbeit.
Wie ein Bullenbeißer mit Stiernacken
schießt er aus kalten bösartigen Augen

scharfe Blicke von einer zur anderen. Uns gefriert jedes Mal das Blut in den Adern. Dann springt er wie angestochen vom Tisch, rast auf seine Auserkorene zu und prügelt sie mit seinen groben Fäusten bis zur Bewusstlosigkeit. Einfach so. Ohne jeden Grund. Es gibt keine Widerworte. Jedes Aufbegehren führt hier zur sofortigen Bestrafung oder Hinrichtung.

Hermann: Heinrich Himmler sagt:"Wir haben das moralische Recht, wir haben die Pflicht unserem Volk gegenüber, das zu tun, dieses Volk, das uns umbringen wollte, um zu bringen."

Sarah: Hier in Ravensbrück gibt es sehr viele Methoden der Bestrafung. Abschneiden der Kopfhaare zur Demütigung, Essensentzug und Strafstehen, Strafappell, Abspritzen mit einem harten Wasserstrahl auch bei kalter Witterung, Arrest im Strafblock, Schläge mit einem Stock oder Ochsenziemer, Arrest im Bunker in Dunkelheit, Kälte ohne Essen und Trinken, ohne Sitzgelegenheit, dafür mit brutalster Folter und die Todesstrafe. Gestorben wird schnell hier im Lager. Nebenan hinter einer Mauer stößt ein hoher Schornstein schwarze dicke Schwaden in den Himmel. Der gehört zum Krematorium. Das verbrennt scheinbar rund um die Uhr Häftlinge, die gestorben sind. Damit meine ich aber nicht die Alten und Kranken, die an Schwäche umgekommen sind. Neben dem Krematorium befindet sich eine kleine ehemalige Werkstatthalle. Die wurde umgebaut.

Hermann: SS-Hauptsturmführer Johann Schwarzhuber sagt: „Zwischen 2300 und 2400 Menschen wurden in Ravensbrück vergast. Die Gaskammer war ungefähr 9 x 4,5 Meter und fasste ungefähr 150 Menschen. Die Kammer lag ungefähr 5 Meter von dem Krematorium weg. Die Gefangenen mussten sich in einem kleinen Schuppen, 3 Meter von der Gaskammer entfernt, ausziehen und wurden durch ein kleines Zimmer in den Gasraum gebracht.“

Sarah: Neuigkeiten und Nachrichten machen hier rasch die Runde unter uns Frauen. 2400 Vergaste kann nicht stimmen.

(LKW- MOTORGERÄUSCH)

Es sind sicherlich viel mehr. Der Lkw zur Abholung der Auserwählten, wir sagen Selektierten, fährt ständig von den Blocks bis hinter die Mauer. Das Motorgeräusch versetzt uns sofort in Panik. Alle haben furchtbare Angst, dass sie die Nächsten sind.
Für die Vergasungen ist ein spezielles Kommando zuständig. Durch eine Öffnung verbringt ein Mitarbeiter das Gift in die Gaskammer. Nach ein paar Minuten ist der Todeskampf meistens

vorbei. Es wird nach 30 Minuten gelüftet. Oft kommt es vor, dass sich Menschen noch bewegen, dass sie noch am Leben sind.

Hermann: Die werden dann mit ein paar harten Schlägen mit der Schaufel auf den Kopf erledigt.

10. Szene

(STRAFAPPELL MIT MARSCHMUSIK / HARTWICH BEIM ANSCHAUUNGSUNTERRICHT FÜR DIE NEUEN AUFSEHERINNEN)

Hartwich: (SCHREIT HÄFTLINGE AN)

                    Wehe, eine rührt sich. Stillgestanden!

                    (ZU DEN NEUEN)

                    Die müssen in 10er-Reihen stehen. Bewegungen sind nicht erlaubt.

Margitta: Trotz der Kälte?

Hartwich: Was glaubst Du denn? Wir haben -5 Grad – die stehen doch erst seit drei Stunden.

Margitta: In Kleidern?

Hermann:	Generalgouverneur Hans Frank sagt: "Ich muss Sie bitten, sich gegen alle Mitleidserwägungen zu wappnen."
Margitta:	Da! Da hat sich eine bewegt!
Hartwich:	Geh hin und zeig´s der mit der Peitsche!
Margitta:	Jetzt?
Hartwich:	Bestrafen! Sofort!
Margitta:	(GEHT ZUR FRAU / SCHLÄGT ZU / SCHMERZ-SCHREIE) Du sollst still stehen. Bewegen ist nicht erlaubt.
Hartwich:	Schlag fester zu!
Margitta:	Ja. (SIE SCHLÄGT ABER NICHT FESTER ZU / OPFER SCHREIT TROTZDEM)
Hartwich:	Verdammt, lass mich ran. So behandelt man Befehlsverweigerer.

(HARTWICH SCHLÄGT FRAU BEWUSSTLOS / SIE KIPPT UM)

Margitta, merk Dir das, sonst stehst Du auch bald bei denen. Los, zerr sie auf den Rasen.

11. Szene

(HINRICHTUNG / SCHÜSSE)

Sarah: Die Mitglieder des Gaskammerkommandos
                sind Häftlinge. Sie werden nach vier
                Monaten erschossen und durch neue er-
                setzt. Viele von uns werden auch so
                hingerichtet. In der Nähe des Lagers
                wurde ein Graben ausgehoben. Dort müs-
                sen sich die Häftlinge aufstellen und
                werden dann mit Maschinenpistolen nie-
                dergemäht. Dabei sterben nicht alle
                sofort. Die Neuankömmlinge stehen am
                Rand des Grabens und blicken auf die
                Leichenberge. Sie sehen als letztes in
                ihrem eigenen Leben diejenigen, die
                sich noch bewegen.

Hermann: Heinrich Himmler sagt:" Von allen, die
                so reden, hat keiner zugesehen, keiner
                hat es durchgestanden. Von Euch werden
                die meisten wissen, was es heißt, wenn
                100 Leichen beisammen liegen, wenn 500
                daliegen oder wenn 1000 daliegen. Dies
                durchgehalten zu haben, und dabei -
                abgesehen von Ausnahmen menschlicher
                Schwächen - anständig geblieben zu
                sein, das hat uns hart gemacht."

Sarah: Manche SS-Männer haben geweint. Andere
                sind durchgedreht, verrückt geworden.
                Die lagen bald darauf auch selbst un-
                ten im Graben.

12. Szene

(IM REVIER / MEDIZINISCHE ARBEITEN AN VERSUCHSKANIN-CHEN)

Sarah: Einige von uns werden hier gehalten wie Laborratten. Wir nennen sie Kaninchen. Versuchskaninchen. Junge Frauen aus Polen wurden zu fünft ins Krankenrevier verschleppt und betäubt. Als sie wieder aufwachten hatten sie völlig zerschnittene Beine. Sulfonamid-Experimente sind der Grund dafür. Die Ärzte suchen nach Möglichkeiten der Behandlung von Wundbrand.

Hermann: Adolf Hitler sagt: "dass grundsätzlich, wenn es um das Staatswohl geht, der Menschenversuch zuzulassen ist."

Sarah: Die Polinnen wurden mit Eiter von an Gasbrand Erkrankten geimpft und dann mit Sulfonamiden behandelt. An anderen werden Kriegsverletzungen simuliert. Der Arzt lässt ihnen die Waden aufschneiden, quetscht die Muskeln und näht Stoff oder Holzsplitter in die Wunde ein. Vier Tage später öffnet er die eiternden Wunden und behandelt sie chirurgisch. Die Frauen können kaum noch laufen, haben dauernd wahnsinnige Schmerzen. Viele von uns kamen schon dabei ums Leben. Hauptsächlich durch künstlich hervorgerufene Blutvergiftungen, bei denen man Häftlingen Eiter in die Venen spritzt. Die meisten wur-

den nach den Versuchen einfach erschossen. Überlebt hat das bisher hier
kaum jemand.

Hermann: Die Ärzte schwören: "Ich schwöre bei
meiner Ehre und meinem Gewissen, dass
ich mich bei Ausübung meiner ärztlichen Tätigkeit von menschlichen Gebo-
ten gegenüber meinen Patienten leiten
lasse - bei meiner Tätigkeit die ärztliche Ethik einhalte und nur medizini-
sches Wissen und medizinische Erfah-
rung in meine Arbeit einfließen lasse
und auch nicht unter Drohung in meiner
ärztlichen Praxis gegen meine Berufs-
ethik verstoße."

Sarah: Es gibt aber auch chirurgische Versu-
che. Bisher wurden 80 Operationen
durchgeführt, ohne Rücksicht auf Pro-
teste der für die Operationen Vorge-
sehenen. Fünf starben. Der Rest sind
Krüppel, unfähig, normal zu laufen. Es
heißt, ihnen wurden Beine operiert und
vermutlich Knochen herausgenommen. Die
Operierten leiden sehr. Sie bleiben
wahrscheinlich ihr ganzes Leben lang
Krüppel. Seelisch zutiefst verletzt
sind wir alle hier. Besonders trifft
das aber auf einige Frauen zu, die
sich völlig aufgegeben haben. Sie
scheren sich nicht mehr um das allge-
genwärtige Ungeziefer, sind total ver-
laust, haben Krätze, Entzündungen und
blutig gekratzte Beine. Die SS nennt
sie hämisch "Schmuckstücke".

Hermann:	Joseph Goebbels sagt: „Die Frau hat die Aufgabe schön zu sein und Kinder zur Welt zu bringen."
Sarah:	Diese Frauen sind bis auf das Skelett abgemagert. Nach dem Körper verhungert bei denen die Seele. Sie wiegen nur noch ein paar Pfund. Gestern hat eine von uns aus Versehen ihre Suppe verschüttet. Ein Klecks landete in einer Pfütze auf dem matschigen Boden. Sofort warfen sich zwei Schmuckstücke in den Morast und schlürften die widerwärtige Mischung aus Dreck und Steckrübensuppe. Für die SS sind die das gefundene Fressen. Weil sie nicht mehr aussehen wie Menschen, eher wie Phantome oder lebendige Tote, eben nur noch Schatten ihrer selbst, schlägt und quält es sich scheinbar leichter.
Margitta:	Auf mit Euch. Ihr Kanaillen sollt aufstehen.

(PEITSCHENHIEBE / WIMMERN)

Eine Schweinebande seid Ihr, echte Mistviecher.

(SCHLÄGE/SCHMUCKSTÜCKE STERBEN)

Sogar tot seht ihr zwei noch aus wie Idioten!

Sarah:	Die Schmuckstücke sterben hier wie die Fliegen.

13. Szene

(IN DER FABRIK / AUFSEHERIN MARGITTA BRÜLLT SARAH AN)

Margitta: (SCHREIT) Was soll das heißen Sarah, Du kannst das nicht?

Sarah: Das bedeutet, dass ich die Aufgabe nicht erledigen kann.

Margitta: (BRÜLLT LAUTER) Das ist Befehlsverweigerung!

Sarah: Nein!

Margitta: Doch. Arbeite weiter. Sofort!

Sarah: Nein!

Margitta: (SCHLÄGT SARAH MIT REITGERTE / AUF-SCHREI)
              Jetzt verweigerst Du meinen Befehl.

Sarah: (SCHREIT AUF VOR SCHMERZ)

Margitta: Du verstößt gegen die Grundgesetze.

Sarah: Nein, ich beherrsche die Technik nicht.

Margitta: Keine Widerworte. Raus mit Dir zum Strafe stehen.

(ZERRT SIE VOR DAS FABRIKTOR / SCHLÄGT SIE DORT ER-NEUT)

Und wehe Du machst einen Mucks. Strammstehen!

(WINDGERÄUSCH / SARAH BIBBERT VOR KÄLTE / SCHRITTE)

Margitta: (KOMMT MIT EINEM EIMER WASSER)

Du wirst es Dir gut überlegen, nochmal meinen Befehl zu missachten. Im Namen des Führers „Stillgestanden!"

(MARGITTA KIPPT EIMER WASSER ÜBER SARAHS KOPF AUS)

Und Du bleibst hier stehen bis das ganze Wasser zu Eis gefroren ist. Sonst erschieße ich Dich!

14. Szene

(KRANKENREVIER / STÖHNEN / SELEKTION DURCH ARZT)

Sarah: Und ich blieb stehen. Stundenlang. Deshalb lag ich später mit einer Lungenentzündung im Revier. Lange. Medizin gab es keine. Das heißt fast keine. Manchmal konnte eine der Häftlingsschwestern Medikamente für uns besorgen. Das war völlig illegal, gefährlich und verboten. Wir sollen hier ja nicht gesund werden, sondern sterben. Möglichst schnell. Wenn Hunger, Läuse, Ödeme, Fieber und Tbc nicht dabei helfen, dann selektiert der Arzt einfach Kranke aus. Die sitzen am nächsten Morgen auf dem Lkw und fahren in die Gaskammer.

Hermann: Nach der Vergasung ging dieser Brief an die Angehörigen: „Sehr geehrte Frau Heinemann! Ihre Tochter Elfriede Heinemann, geboren 5.12.22 zu Erfurt, meldete sich am, 25.7.1942 krank und wurde daraufhin unter Aufnahme im Krankenhaus in ärztliche Behandlung genommen. Es wurde ihr die bestmögliche medikamentöse und pflegerische Behandlung zuteil. Trotz ärztlicher Behandlung gelang es nicht, der Krankheit Herr zu werden. Ich spreche Ihnen zu diesem Verlust mein Beileid aus. Ihre Tochter hat keine letzten Wünsche geäußert. Ich habe die Gefangeneneigentumsverwaltung meines Lagers angewiesen, den Nachlass an Ihre Anschrift zu senden."

Sarah: Ich jedenfalls habe meine Krankheit überstanden. Sonst könnte ich Dir ja auch gar nicht schreiben. Aus meiner Karriere als Pianistin wird nichts mehr: Bei dieser Strafaktion habe ich mir meinen linken Daumen erfroren. Die Aufseherin, die mir das Wasser über den Kopf schüttete, hat mich auf dem Kieker. Ich muss aufpassen wie ein Luchs.

(MOTORENGERÄUSCHE / STIMMEN / SCHREIE / GESCHÜTZLÄRM)

Das gesamte Wachpersonal ist heute völlig aufgeregt. In der Ferne kann ich Artillerielärm hören. Scheinbar kommt die Rote Armee näher. Die SS-Leute haben Angst. Das spüre ich.

15. Szene

(IM BLOCK / AUSWAHL VON HÄFTLINGEN FÜR DIE HINRICH-
TUNG)

Margitta: Du da, aufstehen! Los, schneller!

(WENDET SICH ZUR NÄCHSTEN)

Und Du auch. Ihr zwei da drüben auch.
Raus, draußen aufstellen!

(SCHRITTE / MOTORENLÄRM)

Sarah: Liebe Mama. Ich muss jetzt aufhören.
Hier selektiert die SS massenhaft
Häftlinge. Ich fürchte mich sehr, denn
ich glaube, die werden alle umge-
bracht.

Margitta: Los,los! Rauf auf die Ladefläche.

(SCHREIT)

Du auch, Du Miststück. Na warte, Dir
werd´ ich es zeigen.

(STOCKSCHLÄGE /SCHREIE)

Hübsch seht ihr aus. Wie wertvolle
echte Schmuckstücke.

(LACHT / FRAUEN KLETTERN AUF LKW)

Du da im kurzen Hemd: Putz Dir das
nächste Mal Deinen Hintern besser ab.

Du stinkst. (LACHT) Es gibt kein nächstes Mal.

(LKW FÄHRT AB)

Sarah: Den Brief schließe ich nun. Jetzt ist Zeit zur Arbeit zu gehen. Dort stecke ich den Brief in den Postkasten. Ich hoffe, er erreicht Dich. In Liebe Deine Sarah.

P.S.: Jetzt fahren plötzlich viele Lkws durch das Lager. Ich höre russische Stimmen. Glaube, ich muss heute doch nicht mehr zur Arbeit.

16. Szene

(ZWEI JAHRE SPÄTER / SARAH BEI TANTE JOHANNA)

Sarah: Ja Tante Johanna, so elend war das damals in Ravensbrück. Zum Glück wurden wir dann befreit.

Johanna: Ja, ich bin so froh, dass Du alles überstanden hast. (WEINT) Sarah, wenn das Deine Mutter das alles gelesen hätte.

                (SCHLUCHZT)

Sarah: Ja?

Johanna: Sie hat sich immer so große Sorgen um Dich gemacht. Erst recht, als auch sie und Dein Vater abgeholt wurden.

Sarah: Mein Brief ist erst heute hier angekommen? Nach mehr als zwei Jahren!

Johanna: Ja, der Postbote hat ihn für Deine Mutter hier bei uns abgegeben.

Sarah: Tante Johanna. Es ist spät. Morgen habe ich im Büro viel zu tun.

Johanna: Hast recht. Schlaf gut Sarah.

Sarah: Gute Nacht!

17. Szene

(BEI MARGITTA DAHEIM / FREUDIGES HUNDEGEBELL)

Margitta: Roland, mein Lieber. Du bist ja schon
                  richtig alt geworden. So lange haben
                  wir uns nicht gesehen.

Anna Richard: Und Du hast auch viele graue Haare be-
                  kommen. In Deinem Alter!

Margitta: Ja Mutter, ich hatte es wirklich nicht
                  leicht.

Anna Richard: Man hört jetzt ja so vieles über die
                  Lager. War das bei Dir in Ravensbrück
                  auch so schlimm?

Margitta: Schlimmer. Schmutziges Gesindel so
                  weit das Auge reicht.

Anna Richard: Und Du?

Margitta: Ich habe dafür gesorgt, dass keine
                  wegläuft.

Anna Richard: Und sonst?

Margitta: Nix. Ich brauche Arbeit.

Anna Richard: Ich weiß. Dein Vater hat für Dich ei-
                  nen Termin in der Fabrik gemacht.

Margitta: Fabrik? Wieder als Hilfsarbeiterin?

Anna Richard: Ja! Du kannst Dich morgen früh um acht dort vorstellen.

Margitta: Was anderes gibt es nicht?

Anna Richard: Margitta!

Margitta: Ja ich weiß. Ich bin ja froh, dass Vater sich gekümmert hat.

18. Szene

(IN DER FABRIK VON SARAHS ONKEL / SARAHS BÜRO)

Johanna: Und wie läuft´s?

Sarah: Vier Neue habe ich jetzt. Die wollen
                unbedingt arbeiten und sind geschickt.

Johanna: Draußen steht noch eine.

Sarah: Dann schick sie doch gleich rein.

Johanna: Denk an das Mittagessen um zwölf.

Sarah: Mach ich.

(JOHANNA VERLÄSST DAS BÜRO / SEKUNDEN SPÄTER KLOPFT
MARGITTA AN)

Sarah: Herein!

Margitta: (BETRITT BÜRO / ERKENNT SARAH NICHT)
                Guten Morgen, Frau Messerschmidt.

Sarah: Guten Morgen Frau (BLÄTTERT IN UNTER-
                LAGEN) Richard. Nehmen Sie Platz.

Margitta: Danke!

Sarah: (SCHAUT AUF)

                Sie möchten gerne bei uns…

                (ERKENNT MARGITTA / STOCKT)

	a-arbeiten?
Margitta:	Ja, sehr gerne!
Sarah:	(PAUSE / MUSTERT MARGITTA)
	Sie sind ja –
	(PAUSE / SARAH VERDUTZT UND ÜBER-RASCHT)
	– eine ganz normale Frau.
Margitta:	Wie bitte?
Sarah:	Schon gut. Was haben Sie denn zuletzt gearbeitet?
Margitta:	Ich war in einer Fabrik. Als Vorarbei-terin.
Sarah:	Aha. Und was für eine Fabrik war das?
Margitta:	Wir haben elektronische Spulen herge-stellt.
Sarah:	Für die Luftwaffe?
Margitta:	Ja, woher wissen Sie...
Sarah:	Da habe ich auch gearbeitet.
Margitta:	(ERSCHRECKT) Sie waren in Ravensbrück.
Sarah:	Ja.

Margitta: Und jetzt?

Sarah: Jetzt machen wir einen Einstellungs-
                test. Draußen ist es kalt genug. Sie
                stellen sich ohne Jacke in den Fabrik-
                hof.

Margitta: Und dann?

Sarah: Dann schütte ich Ihnen einen Eimer
                kaltes Wasser über den Kopf. Wenn Sie
                solange stehen bleiben, bis das Wasser
                überall zu Eis gefroren ist, haben Sie
                den Job.

Margitta: Und wenn nicht?

Sarah: Dann hole ich die Polizei.

                        -ENDE-